TECNOLOGIA DA INFORMAÇÃO

ÁREAS DE ATUAÇÃO

Conteúdo

Frontend: Um Mergulho no Desenvolvimento de Interfaces

Frontend é a área do desenvolvimento de software que se concentra na criação e na manutenção da interface com a qual os usuários interagem diretamente. Em outras palavras, é o "lado do cliente" de um aplicativo ou site, que envolve tudo o que o usuário vê, clica e interage na tela. Para se destacar nessa área, um programador de Frontend precisa dominar várias tecnologias e ferramentas.

Principais Tecnologias de Frontend

1. **HTML (HyperText Markup Language):**

   o É a linguagem básica de marcação usada para criar a estrutura das páginas web. Todo desenvolvedor Frontend deve ter um bom domínio de HTML, pois ele define os elementos básicos da interface, como cabeçalhos, parágrafos, imagens, links e formulários.

2. **CSS (Cascading Style Sheets):**

   o Utilizado para estilizar as páginas web, controlando a aparência visual dos elementos HTML. CSS define cores, fontes, layouts, e design responsivo (adaptando o site para diferentes tamanhos de tela). Ferramentas como Flexbox e CSS Grid são essenciais para layouts modernos.

3. **JavaScript:**

   o É a linguagem de programação que permite a criação de páginas web dinâmicas e interativas. JavaScript possibilita a manipulação do DOM (Document Object Model), validação de formulários, criação de animações, e comunicação com APIs.

4. **Frameworks e Bibliotecas JavaScript:**

   o **React.js**: Uma biblioteca JavaScript desenvolvida pelo Facebook, usada para construir interfaces de usuário reutilizáveis e altamente eficientes.

   o **Angular**: Um framework desenvolvido pelo Google, que facilita o desenvolvimento de aplicações complexas, oferecendo uma arquitetura bem definida e ferramentas integradas.

   o **Vue.js**: Um framework progressivo que é fácil de aprender e se integra bem com projetos existentes, permitindo a construção de interfaces de usuário incrementais.

5. **Versionamento de Código:**

   o **Git**: Ferramenta de controle de versão essencial para qualquer desenvolvedor. Permite o rastreamento de mudanças no código e a colaboração em equipe. Plataformas como GitHub, GitLab e Bitbucket são amplamente utilizadas.

6. **Pré-processadores de CSS:**

- o **Sass (Syntactically Awesome Style Sheets)**: Um pré-processador que adiciona funcionalidades ao CSS, como variáveis, aninhamento de regras, e mixins, facilitando a manutenção e a escalabilidade dos estilos.

7. **Ferramentas de Build**:
   - o **Webpack**: Um empacotador de módulos que facilita a gestão e a otimização de arquivos JavaScript, CSS, imagens e outros recursos.
   - o **Babel**: Um transpilador que permite o uso de JavaScript moderno em navegadores mais antigos, convertendo código ES6+ em uma versão compatível.

8. **Testes de UI**:
   - o **Jest**: Um framework de testes para JavaScript, muito usado com React.
   - o **Cypress**: Uma ferramenta para testes end-to-end, focada em testes de interface de usuário, garantindo que todas as funcionalidades estejam funcionando corretamente.

9. **Design Responsivo e Mobile-First**:
   - o Uso de frameworks como **Bootstrap** ou **Tailwind CSS** para criar interfaces responsivas que se adaptam a diferentes dispositivos (desktops, tablets, smartphones).

O Dia a Dia de um Programador Frontend

O dia a dia de um desenvolvedor Frontend envolve uma combinação de tarefas técnicas, colaboração em equipe e comunicação com outros departamentos. Aqui está uma visão geral das atividades típicas:

1. **Planejamento e Análise**:
   - o Iniciar o dia revisando as tarefas no backlog e participando de reuniões diárias (como stand-ups) para discutir o progresso, desafios e próximas etapas.
   - o Colaborar com designers UX/UI para analisar wireframes e protótipos, garantindo que a implementação seja fiel ao design proposto.

2. **Codificação**:
   - o Escrever e revisar código HTML, CSS e JavaScript para criar componentes de interface, como botões, formulários, menus de navegação e gráficos interativos.
   - o Integrar a lógica do Frontend com o Backend, consumindo APIs para exibir dados dinâmicos.

- o Implementar design responsivo, assegurando que a interface funcione bem em diversos dispositivos e tamanhos de tela.

3. **Depuração e Testes**:
   - o Utilizar ferramentas de desenvolvedor no navegador (como o Chrome DevTools) para inspecionar elementos, depurar código JavaScript e otimizar o desempenho da página.
   - o Escrever e executar testes automatizados para garantir que novas funcionalidades não quebrem partes existentes do código.

4. **Colaboração e Revisão de Código**:
   - o Participar de code reviews, onde outros desenvolvedores revisam o código para garantir a qualidade, aderência a padrões e boas práticas.
   - o Colaborar com desenvolvedores Backend para garantir que as integrações funcionem sem problemas.

5. **Atualizações e Manutenção**:
   - o Corrigir bugs relatados por usuários ou identificados em ambientes de teste.
   - o Atualizar bibliotecas e frameworks para versões mais recentes, mantendo a aplicação segura e eficiente.

6. **Otimização de Desempenho**:
   - o Analisar o desempenho da página usando ferramentas como Lighthouse e otimizar o tempo de carregamento, reduzindo o tamanho de arquivos, minificando CSS/JS, e utilizando lazy loading para imagens.

7. **Documentação e Comunicação**:
   - o Escrever documentação para o código e as funcionalidades desenvolvidas, facilitando o entendimento e a manutenção por outros membros da equipe.
   - o Comunicar-se com stakeholders não técnicos para explicar as implementações e discutir possíveis melhorias na interface.

O trabalho de um programador Frontend é dinâmico e criativo, exigindo uma combinação de habilidades técnicas e sensibilidade estética. Esse profissional é essencial para proporcionar aos usuários uma experiência agradável e eficiente ao interagir com aplicativos e sites.

Backend: O Motor Por Trás das Aplicações

Backend é a área do desenvolvimento de software que se concentra em toda a lógica, operações e interações que acontecem nos bastidores de um sistema ou aplicativo. Diferente do Frontend, que lida com a interface visível para o usuário, o Backend é responsável pelo que acontece no servidor, incluindo a gestão de bancos de dados, autenticação de usuários, comunicação com APIs e execução da lógica de negócios.

Principais Tecnologias de Backend

1. **Linguagens de Programação**:

   o **Python**: Uma linguagem versátil e amplamente utilizada, especialmente em frameworks como Django e Flask, que facilitam o desenvolvimento de aplicações web robustas.

   o **Java**: Popular em ambientes corporativos, é amplamente usada com frameworks como Spring e para o desenvolvimento de sistemas de larga escala e alta performance.

- **JavaScript (Node.js)**: Permite o desenvolvimento de aplicações Backend com JavaScript, usando a plataforma Node.js, conhecida pela sua escalabilidade e eficiência em aplicações I/O intensivas.

- **Ruby**: Usada principalmente com o framework Ruby on Rails, conhecida pela sua simplicidade e rapidez no desenvolvimento de protótipos e aplicações web.

- **PHP**: Uma das linguagens mais usadas para desenvolvimento web, principalmente em combinação com o WordPress e o framework Laravel.

2. **Bancos de Dados**:

- **SQL (Structured Query Language)**: A linguagem padrão para interação com bancos de dados relacionais como MySQL, PostgreSQL, e Oracle. Conhecimento em SQL é fundamental para manipulação de dados.

- **NoSQL**: Bancos de dados não relacionais como MongoDB, Redis, e Cassandra são usados para gerenciar grandes volumes de dados não estruturados e escalabilidade horizontal.

- **ORMs (Object-Relational Mappers)**: Ferramentas como Sequelize (para Node.js), Hibernate (para Java), e SQLAlchemy (para Python) facilitam a interação com bancos de dados, permitindo que os desenvolvedores trabalhem com dados em forma de objetos.

3. **APIs (Application Programming Interfaces)**:

- **REST (Representational State Transfer)**: Arquitetura padrão para construção de APIs, que permite a comunicação entre Frontend e Backend usando HTTP.

- **GraphQL**: Uma alternativa ao REST, que permite que os clientes façam consultas mais flexíveis aos dados, especificando exatamente o que precisam.

- **gRPC**: Um framework de RPC (Remote Procedure Call) que usa Protobuf para serialização, muito eficiente para comunicação de serviços em microarquiteturas.

4. **Servidores Web e Ferramentas de Deploy**:

- **Nginx** e **Apache**: Servidores web amplamente usados para servir aplicações Backend e gerenciar tráfego HTTP/S.

- **Docker**: Ferramenta de containerização que facilita a implementação de aplicações em ambientes consistentes e isolados, promovendo a portabilidade e escalabilidade.

- o **CI/CD (Continuous Integration/Continuous Deployment)**: Ferramentas como Jenkins, GitLab CI, e CircleCI automatizam o processo de integração e implantação contínua, melhorando a eficiência no desenvolvimento e lançamento de novas versões.

5. **Arquitetura e Design de Sistemas**:

   - o **MVC (Model-View-Controller)**: Um padrão arquitetural que separa a aplicação em três componentes principais, ajudando a organizar o código e a lógica.

   - o **Microservices**: Arquitetura onde a aplicação é dividida em pequenos serviços independentes que se comunicam entre si, promovendo a escalabilidade e a manutenção independente de partes da aplicação.

   - o **SOA (Service-Oriented Architecture)**: Um padrão arquitetural que permite que diferentes serviços se comuniquem e colaborem para fornecer funcionalidades complexas.

6. **Autenticação e Segurança**:

   - o **OAuth2**: Um protocolo de autenticação que permite a delegação de acesso seguro a recursos protegidos.

   - o **JWT (JSON Web Tokens)**: Um método seguro de transmitir informações como parte de um processo de autenticação e autorização entre dois sistemas.

O Dia a Dia de um Programador Backend

O dia a dia de um desenvolvedor Backend envolve uma série de atividades focadas em garantir que a aplicação funcione corretamente, de forma segura e eficiente, ao mesmo tempo em que interage harmoniosamente com outros sistemas e interfaces. Aqui está uma visão geral das atividades típicas:

1. **Planejamento e Análise**:

   - o Participar de reuniões de planejamento com a equipe para discutir os requisitos do sistema e as funcionalidades que precisam ser implementadas.

   - o Analisar as especificações técnicas e os requisitos de negócios para entender como as novas funcionalidades devem ser integradas ao sistema existente.

2. **Desenvolvimento de Funcionalidades**:

- Escrever código para implementar a lógica de negócios no servidor, como processamento de dados, cálculos complexos, e regras de negócio.

- Desenvolver e manter APIs que permitem a comunicação entre o Frontend e o Backend, assegurando que os dados sejam transferidos de forma segura e eficiente.

- Integrar sistemas externos e serviços de terceiros, como gateways de pagamento, serviços de autenticação, ou APIs de parceiros.

3. **Gestão e Manipulação de Dados**:

- Projetar e otimizar esquemas de banco de dados para garantir que a aplicação possa armazenar e acessar dados de forma eficiente.

- Escrever e otimizar queries SQL ou comandos para bancos NoSQL, garantindo que o desempenho do banco de dados esteja sempre no seu melhor.

4. **Segurança**:

- Implementar mecanismos de segurança para proteger os dados dos usuários e prevenir ataques como SQL Injection, Cross-Site Scripting (XSS), e ataques de DDoS.

- Monitorar e responder a possíveis vulnerabilidades de segurança, aplicando patches e correções conforme necessário.

5. **Depuração e Solução de Problemas**:

- Investigar e solucionar bugs e problemas de desempenho que podem surgir durante a execução da aplicação.

- Utilizar ferramentas de logging e monitoramento, como ELK Stack (Elasticsearch, Logstash, Kibana) ou Prometheus, para rastrear erros e otimizar o desempenho do servidor.

6. **Colaboração e Revisão de Código**:

- Participar de code reviews para garantir que o código escrito esteja aderente às melhores práticas e que seja fácil de manter.

- Colaborar com desenvolvedores Frontend, DevOps, e outros membros da equipe para garantir que todas as partes do sistema funcionem bem juntas.

7. **Automação e DevOps**:

- o Trabalhar em conjunto com a equipe de DevOps para automatizar o deploy da aplicação, configurar pipelines de CI/CD e garantir que a aplicação esteja sempre disponível e funcionando corretamente em diferentes ambientes (desenvolvimento, teste, produção).

- o Configurar e gerenciar ambientes de desenvolvimento usando ferramentas como Docker e Kubernetes para assegurar que a aplicação seja escalável e fácil de manter.

8. **Documentação e Comunicação**:

- o Escrever documentação técnica para o código, APIs, e processos, facilitando a compreensão e manutenção por outros desenvolvedores.

- o Comunicar-se com stakeholders e outras equipes para fornecer atualizações sobre o progresso, discutir soluções para problemas e planejar futuras implementações.

O trabalho de um desenvolvedor Backend é essencial para garantir que a "máquina" por trás de uma aplicação funcione perfeitamente. Essa função exige habilidades técnicas aprofundadas, um bom entendimento de lógica de negócios, e uma abordagem meticulosa para resolver problemas e otimizar o desempenho.

FullStack: A Versatilidade no Desenvolvimento de Software

FullStack é a área do desenvolvimento de software que abrange tanto o Frontend (a parte visível para o usuário) quanto o Backend (a parte que acontece nos bastidores) de uma aplicação. Um desenvolvedor FullStack é, portanto, um profissional versátil que possui conhecimentos em várias tecnologias, permitindo que ele trabalhe em todas as camadas de uma aplicação, desde a interface do usuário até a lógica do servidor e a manipulação de dados no banco.

Principais Tecnologias para Estudo de um Desenvolvedor FullStack

Como um desenvolvedor FullStack precisa lidar com o desenvolvimento tanto do Frontend quanto do Backend, ele precisa dominar uma ampla gama de tecnologias:

1. **Frontend**:

    o **HTML/CSS**: Essencial para estruturar e estilizar páginas web. Conhecimentos em CSS avançado, incluindo Flexbox e Grid, são importantes para criar layouts responsivos.

    o **JavaScript**: A linguagem de programação fundamental para adicionar interatividade e dinamismo à interface do usuário.

    o **Frameworks/Libraries JavaScript**:

      ▪ **React.js**: Biblioteca popular para construção de interfaces de usuário baseadas em componentes.

- **Angular**: Framework robusto para construção de aplicações SPA (Single Page Applications).

- **Vue.js**: Framework progressivo que é fácil de integrar com projetos existentes e que permite o desenvolvimento incremental.

2. **Backend**:

   o **Linguagens de Programação**:

   - **JavaScript (Node.js)**: Permite que o desenvolvedor use JavaScript tanto no Frontend quanto no Backend, facilitando a criação de aplicações completas com a mesma linguagem.

   - **Python**: Popular para desenvolvimento Backend com frameworks como Django e Flask.

   - **Java**: Usado para aplicações empresariais e escaláveis, especialmente com o framework Spring Boot.

   - **Ruby**: Usado com o framework Ruby on Rails para desenvolvimento ágil de aplicações web.

   o **Bancos de Dados**:

   - **SQL**: Linguagem para trabalhar com bancos de dados relacionais como MySQL, PostgreSQL, e SQLite.

   - **NoSQL**: Bancos de dados como MongoDB, Redis, e Cassandra são usados para armazenar dados não estruturados e gerenciar grandes volumes de dados.

   o **APIs**:

   - **REST**: Arquitetura padrão para construção de APIs que permite a comunicação entre Frontend e Backend.

   - **GraphQL**: Permite consultas mais flexíveis a APIs, dando ao cliente o controle sobre os dados retornados.

   - **gRPC**: Utilizado para comunicação eficiente entre serviços em arquiteturas de microserviços.

3. **DevOps e Ferramentas de Deploy**:

   o **Docker**: Ferramenta de containerização que ajuda a garantir que a aplicação funcione de forma consistente em diferentes ambientes.

   o **Kubernetes**: Plataforma para gerenciar contêineres em escala, usada para orquestrar aplicações em ambientes de produção.

- o **CI/CD (Continuous Integration/Continuous Deployment)**: Ferramentas como Jenkins, GitLab CI, e CircleCI automatizam o processo de integração e implantação contínua.

- o **Nginx/Apache**: Servidores web usados para servir aplicações, gerenciar tráfego e balancear cargas.

4. **Controle de Versão**:

- o **Git**: Ferramenta essencial para controle de versão, permitindo que desenvolvedores colaborem, rastreiem mudanças e revertam código quando necessário.

- o **GitHub/GitLab/Bitbucket**: Plataformas que hospedam repositórios Git e facilitam o trabalho colaborativo.

5. **Metodologias e Ferramentas Ágeis**:

- o **Scrum/Kanban**: Metodologias ágeis que ajudam a organizar o trabalho e manter a produtividade em equipe.

- o **JIRA/Trello**: Ferramentas para gerenciar tarefas e sprints, ajudando a equipe a manter o foco e a organização.

O Dia a Dia de um Desenvolvedor FullStack

O dia a dia de um desenvolvedor FullStack é dinâmico e variado, dado o amplo escopo de suas responsabilidades. A seguir, está uma visão geral das atividades típicas:

1. **Planejamento e Priorização**:

- o Participar de reuniões de equipe para discutir o progresso, definir prioridades e planejar novas funcionalidades.

- o Trabalhar com designers, gerentes de produto e outros desenvolvedores para entender os requisitos do projeto e como as novas funcionalidades serão implementadas.

2. **Desenvolvimento de Funcionalidades Completa**:

- o **Frontend**: Escrever código HTML, CSS e JavaScript para criar a interface do usuário, implementando o design e garantindo que a aplicação seja responsiva e acessível.

- o **Backend**: Desenvolver a lógica do servidor, configurar bancos de dados, criar e consumir APIs, e implementar a lógica de negócios que será executada no servidor.

- o **Integração**: Garantir que o Frontend e o Backend funcionem perfeitamente juntos, integrando APIs, gerenciando autenticação, e garantindo a comunicação entre diferentes partes da aplicação.

3. **Depuração e Testes**:
   - o Depurar problemas que surgem tanto no Frontend quanto no Backend, utilizando ferramentas de desenvolvedor no navegador, logs de servidor, e testes automatizados.

   - o Escrever testes unitários e de integração para garantir que o código funcione conforme esperado e que as novas alterações não quebrem funcionalidades existentes.

4. **Gerenciamento de Deploy e Infraestrutura**:
   - o Configurar pipelines de CI/CD para automação de deploys, garantindo que novas funcionalidades possam ser lançadas com segurança e rapidez.

   - o Monitorar o desempenho da aplicação em produção, utilizando ferramentas de logging e monitoramento como Prometheus e ELK Stack (Elasticsearch, Logstash, Kibana), e fazer ajustes conforme necessário.

5. **Revisão de Código e Colaboração**:
   - o Participar de code reviews para garantir a qualidade do código e compartilhar conhecimento com outros membros da equipe.

   - o Colaborar com outros desenvolvedores para resolver problemas complexos que envolvem tanto o Frontend quanto o Backend.

6. **Atualização Contínua**:
   - o Manter-se atualizado com novas tecnologias, frameworks e práticas recomendadas no desenvolvimento tanto de Frontend quanto de Backend.

   - o Experimentar novas ferramentas e técnicas que possam melhorar a eficiência do trabalho ou a qualidade do produto final.

7. **Documentação**:
   - o Escrever documentação clara e detalhada sobre o código, APIs, e decisões arquiteturais, facilitando a manutenção e a colaboração futura.

Ser um desenvolvedor FullStack exige uma combinação única de habilidades, que vai desde o design e a usabilidade até a lógica complexa do servidor e a eficiência do banco de dados. O dia a dia é marcado por uma grande diversidade de tarefas, tornando essa função ideal para aqueles que gostam de desafios variados e que têm uma abordagem holística para a construção de software.

Desenvolvimento Mobile: Criando Aplicações para Dispositivos Móveis

O desenvolvimento **Mobile** se refere à criação de aplicativos para dispositivos móveis, como smartphones e tablets. Esse campo é dividido principalmente em duas abordagens: **desenvolvimento nativo** e **desenvolvimento híbrido**. Ambas têm suas vantagens e exigem um conjunto específico de tecnologias e ferramentas.

Principais Tecnologias para Estudo no Desenvolvimento Mobile

1. Desenvolvimento Nativo

O desenvolvimento nativo envolve a criação de aplicativos especificamente para um sistema operacional (SO), usando linguagens e ferramentas projetadas para aquele ambiente. Essa abordagem oferece o máximo desempenho e acesso total aos recursos do dispositivo.

- **iOS (Apple)**

    o **Swift**: A linguagem oficial da Apple para desenvolvimento de aplicativos iOS. É moderna, segura e otimizada para performance.

    o **Objective-C**: A linguagem mais antiga para iOS, ainda usada em projetos legados.

    o **Xcode**: A IDE (Integrated Development Environment) oficial da Apple, que oferece todas as ferramentas necessárias para o desenvolvimento, depuração e deploy de apps no iOS.

- **Android (Google)**

    o **Kotlin**: A linguagem oficial para desenvolvimento Android. Moderna, concisa e com integração total com o ecossistema Android.

    o **Java**: A linguagem tradicional para desenvolvimento Android, ainda amplamente usada em muitos projetos.

    o **Android Studio**: A IDE oficial para desenvolvimento Android, que oferece um ambiente completo para codificação, teste e deploy de aplicativos.

2. Desenvolvimento Híbrido

O desenvolvimento híbrido permite criar aplicativos que funcionam em várias plataformas (iOS e Android) usando uma única base de código, geralmente escrita em linguagens da web como JavaScript. Isso facilita o desenvolvimento multiplataforma, reduzindo tempo e esforço.

- **React Native**
  - Um framework baseado em JavaScript, criado pelo Facebook, que permite desenvolver aplicativos móveis usando React. Ele gera código nativo para iOS e Android, oferecendo uma experiência de usuário próxima à de um aplicativo nativo.

- **Flutter**
  - Desenvolvido pelo Google, Flutter usa a linguagem Dart e permite criar aplicativos com uma única base de código. Ele é conhecido por sua excelente performance e uma ampla variedade de widgets personalizáveis.

- **Ionic**
  - Um framework baseado em tecnologias web (HTML, CSS, JavaScript) e que usa Angular, React ou Vue para construir aplicativos móveis híbridos. Ele funciona com o Cordova ou Capacitor para acessar recursos nativos do dispositivo.

- **Xamarin**
  - Um framework da Microsoft que permite o desenvolvimento de aplicativos móveis usando C#. Ele compila para código nativo e pode compartilhar lógica de negócios entre iOS e Android.

3. Ferramentas e Tecnologias Complementares

- **APIs e SDKs**
  - É essencial conhecer as APIs fornecidas pelo iOS (como UIKit, Core Data, ARKit) e Android (como Jetpack, CameraX) para acessar recursos específicos dos dispositivos.

- **Bancos de Dados**
  - **SQLite**: Um banco de dados leve usado em aplicativos móveis.
  - **Realm**: Um banco de dados móvel que oferece alta performance e sincronização em tempo real.
  - **Firebase**: Um backend como serviço (BaaS) que oferece banco de dados em tempo real, autenticação, analytics, e muito mais.

- **Controle de Versão**
  - **Git**: Ferramenta de controle de versão essencial para colaborar com outros desenvolvedores e gerenciar o histórico de mudanças do código.

- **GitHub/GitLab/Bitbucket**: Plataformas para hospedar repositórios Git e facilitar o trabalho colaborativo.

- **CI/CD e Deploy**

  - Ferramentas como **Jenkins**, **CircleCI**, **Bitrise** e **Fastlane** são usadas para automatizar o processo de build, testes e deploy de aplicativos móveis.

- **Testes e Debugging**

  - **Appium** e **Espresso**: Ferramentas para testes automatizados em aplicativos móveis.

  - **Firebase Test Lab**: Plataforma para testar aplicativos em uma ampla gama de dispositivos virtuais e físicos.

  - **Charles Proxy**: Ferramenta usada para debugging de rede, permitindo a inspeção de tráfego HTTP/HTTPS em dispositivos móveis.

O Dia a Dia de um Programador Mobile

O trabalho de um programador Mobile é diverso e dinâmico, pois ele precisa lidar tanto com a lógica de aplicação quanto com a interface do usuário, garantindo que o aplicativo funcione de forma suave em diversos dispositivos e sistemas operacionais. Abaixo estão as principais atividades do dia a dia de um desenvolvedor Mobile:

1. **Planejamento e Análise**

   - Participar de reuniões de planejamento (como stand-ups e sprints) para discutir o progresso do projeto, definir prioridades e entender os requisitos funcionais e técnicos.

   - Colaborar com designers UX/UI para garantir que o design seja implementado de forma precisa e que a interface seja intuitiva e responsiva.

2. **Desenvolvimento de Funcionalidades**

   - **Desenvolvimento Nativo**: Escrever código em Swift ou Kotlin para implementar funcionalidades específicas da plataforma, como integração com a câmera, GPS, ou pagamentos móveis.

   - **Desenvolvimento Híbrido**: Trabalhar em frameworks como React Native ou Flutter para criar aplicativos multiplataforma, implementando a lógica de negócios e garantindo que o layout funcione bem em iOS e Android.

3. **Depuração e Testes**

   o Usar emuladores/simuladores e dispositivos físicos para testar o aplicativo, corrigir bugs e otimizar a performance.

   o Escrever testes unitários e de integração para garantir que novas funcionalidades não quebrem o código existente. Realizar testes em diferentes versões de sistemas operacionais e dispositivos para garantir compatibilidade.

4. **Integração com APIs e Serviços Externos**

   o Integrar o aplicativo com serviços backend, como APIs RESTful ou GraphQL, para carregar e enviar dados de/para servidores remotos.

   o Implementar notificações push, autenticação, sincronização de dados em tempo real, e outros serviços que melhorem a funcionalidade do aplicativo.

5. **Otimização e Performance**

   o Otimizar o aplicativo para garantir tempos de carregamento rápidos e consumo eficiente de recursos (CPU, memória, bateria).

   o Implementar técnicas de lazy loading, cache de dados e compressão de imagens para melhorar a experiência do usuário.

6. **Deploy e Publicação**

   o Preparar o aplicativo para lançamento, garantindo que ele esteja em conformidade com as diretrizes das lojas de aplicativos (App Store e Google Play).

   o Usar ferramentas de CI/CD para automatizar o processo de build e deploy, e enviar o aplicativo para a revisão nas lojas.

7. **Atualizações e Manutenção**

   o Responder ao feedback dos usuários, corrigir bugs e lançar atualizações para adicionar novas funcionalidades ou melhorar a segurança.

   o Manter-se atualizado com as últimas mudanças nos sistemas operacionais e bibliotecas, garantindo que o aplicativo funcione corretamente com novas versões do iOS e Android.

8. **Documentação e Colaboração**

- Documentar o código, APIs usadas e decisões arquiteturais, facilitando a manutenção futura e a integração de novos membros na equipe.

- Colaborar com outros desenvolvedores, designers e gerentes de produto para garantir que o aplicativo atenda às expectativas do cliente e do usuário final.

O desenvolvimento Mobile exige uma combinação de habilidades técnicas e criatividade. Os desenvolvedores precisam estar atentos às tendências e evoluções constantes das plataformas móveis, garantindo que seus aplicativos não só funcionem bem, mas também ofereçam uma excelente experiência ao usuário.

DevOps: Integração Contínua e Entrega Rápida

DevOps é uma abordagem que combina práticas e ferramentas para aumentar a capacidade de uma organização em entregar aplicações e serviços em alta velocidade. Ela une as áreas de desenvolvimento (Dev) e operações (Ops), promovendo uma cultura de colaboração e automação em todo o ciclo de vida de software, desde o desenvolvimento até a entrega e monitoramento.

Principais Tecnologias para Estudo no Campo de DevOps

Para se destacar como profissional de DevOps, é essencial dominar uma variedade de tecnologias que abrangem desde a automação de infraestrutura até o monitoramento de sistemas em produção.

1. **Controle de Versão e Integração Contínua**

   o **Git**: Ferramenta essencial para controle de versão, que permite rastrear alterações no código e colaborar com outros desenvolvedores.

   o **GitLab CI/CD, Jenkins, CircleCI, Travis CI**: Ferramentas de Integração Contínua (CI) e Entrega Contínua (CD) que automatizam o processo de build, teste e deploy de aplicações.

2. **Infraestrutura como Código (IaC)**

   o **Terraform**: Ferramenta para provisionamento de infraestrutura em nuvens como AWS, Azure e Google Cloud, usando código declarativo.

   o **Ansible, Chef, Puppet**: Ferramentas de automação de configuração que gerenciam e configuram automaticamente servidores e serviços.

   o **CloudFormation (AWS)**: Ferramenta da AWS para gerenciar e provisionar recursos de infraestrutura usando templates em JSON ou YAML.

3. **Containerização e Orquestração**

   o **Docker**: Plataforma de containerização que permite empacotar aplicações e suas dependências em contêineres, garantindo consistência entre ambientes de desenvolvimento e produção.

   o **Kubernetes**: Sistema de orquestração de contêineres que automatiza a implantação, o dimensionamento e o gerenciamento de aplicações em contêineres.

   o **Helm**: Gerenciador de pacotes para Kubernetes, que facilita a implementação e a gestão de aplicações complexas em clusters Kubernetes.

4. **Monitoramento e Logging**

   o **Prometheus**: Ferramenta de monitoramento e alerta que coleta métricas de sistemas e aplicações, frequentemente usada com o Grafana para visualização.

   o **Grafana**: Plataforma para análise e monitoramento que permite a criação de dashboards visuais a partir de várias fontes de dados.

   o **ELK Stack (Elasticsearch, Logstash, Kibana)**: Conjunto de ferramentas para coletar, armazenar, pesquisar e visualizar logs e dados de eventos de sistemas e aplicações.

- o **Datadog, New Relic**: Soluções de monitoramento como serviço que oferecem métricas, alertas, e visualização de dados em tempo real.

5. **Cloud Computing**

- o **AWS, Azure, Google Cloud**: Principais provedores de nuvem que oferecem uma vasta gama de serviços, desde computação e armazenamento até IA e big data. Conhecimento profundo em um ou mais desses provedores é crucial para configurar e gerenciar infraestruturas em nuvem.

- o **Serverless (AWS Lambda, Google Cloud Functions, Azure Functions)**: Serviços de computação sem servidor que permitem executar código em resposta a eventos sem gerenciar servidores.

6. **Segurança e Conformidade**

- o **Vault (HashiCorp)**: Ferramenta para gerenciar segredos, como tokens de API, senhas e certificados, de maneira segura.

- o **Open Policy Agent (OPA)**: Ferramenta para definir e aplicar políticas de segurança e conformidade em ambientes de nuvem e Kubernetes.

- o **SSL/TLS, SSH, VPN**: Tecnologias e protocolos de segurança para proteger a comunicação e o acesso a sistemas.

7. **Ferramentas de Automação e Scripting**

- o **Bash, Python**: Linguagens de script essenciais para automatizar tarefas e escrever scripts de build e deploy.

- o **YAML, JSON**: Formatos de dados usados para configurar ferramentas de DevOps e definir a infraestrutura como código.

O Dia a Dia de um Profissional de DevOps

O trabalho de um profissional de DevOps é centrado em automatizar processos, garantir que o software seja entregue com qualidade e rapidez, e assegurar que os sistemas estejam disponíveis e operando eficientemente. Aqui estão as principais atividades do dia a dia:

1. **Automatização de Processos**

- o Criar e manter pipelines de CI/CD que automatizam o processo de build, teste e deploy, garantindo que as aplicações possam ser lançadas de forma contínua e confiável.

- o Escrever scripts de automação para tarefas repetitivas, como provisionamento de servidores, deploy de código e configuração de sistemas.

2. **Gerenciamento de Infraestrutura**

   o Usar ferramentas de infraestrutura como código (IaC) para definir e gerenciar a infraestrutura em nuvem, garantindo que os ambientes de desenvolvimento, teste e produção sejam consistentes e facilmente reproduzíveis.

   o Gerenciar clusters de Kubernetes, incluindo o deployment de novos serviços, escalonamento de recursos, e monitoramento da saúde dos contêineres.

3. **Monitoramento e Resolução de Problemas**

   o Configurar e monitorar dashboards de métricas e logs para detectar problemas em tempo real, antecipando falhas antes que afetem os usuários.

   o Responder a incidentes e resolver problemas rapidamente, usando ferramentas de monitoramento e logging para identificar a causa raiz e restaurar o serviço.

4. **Segurança e Conformidade**

   o Implementar práticas de segurança em todos os aspectos do ciclo de vida de desenvolvimento, incluindo a configuração de firewalls, controle de acesso, e criptografia de dados.

   o Garantir que as políticas de conformidade sejam seguidas, especialmente em indústrias reguladas, e auditar regularmente a infraestrutura e os processos.

5. **Colaboração Interdisciplinar**

   o Trabalhar em estreita colaboração com desenvolvedores para garantir que o código seja otimizado para deployment em produção e que todas as dependências e configurações sejam devidamente documentadas.

   o Colaborar com equipes de segurança e compliance para implementar medidas de segurança e garantir que a infraestrutura esteja em conformidade com as normas regulatórias.

6. **Melhoria Contínua**

   o Revisar e otimizar pipelines de CI/CD e processos de automação para reduzir o tempo de deploy e melhorar a qualidade do software.

   o Experimentar novas ferramentas e tecnologias que possam melhorar a eficiência, segurança ou confiabilidade da infraestrutura e dos processos de deploy.

7. **Documentação**

o Documentar scripts, pipelines, procedimentos de recuperação de desastres, e todas as práticas de automação para garantir que a equipe possa manter e melhorar os processos estabelecidos.

O papel do profissional de DevOps é crucial para garantir que as aplicações sejam desenvolvidas, testadas e lançadas de forma contínua e eficiente, com foco em automação e alta disponibilidade. A versatilidade e o conhecimento profundo em diversas áreas tornam o DevOps uma função essencial em equipes modernas de desenvolvimento de software.

Segurança da Informação (Cybersecurity):

Protegendo Dados e Sistemas

Segurança da Informação (ou **Cybersecurity**) é o campo da tecnologia focado em proteger sistemas, redes e dados contra ataques, danos ou acesso não autorizado. Com o aumento da digitalização e a crescente sofisticação dos cibercriminosos, a demanda por profissionais de segurança da informação está em constante crescimento. Esses profissionais são responsáveis por implementar medidas de proteção, detectar vulnerabilidades, e responder a incidentes de segurança.

Principais Tecnologias para Estudo em Segurança da Informação

Para se tornar um especialista em segurança da informação, é crucial dominar uma variedade de tecnologias, ferramentas e práticas que abrangem desde a proteção de redes até a criptografia de dados.

1. **Criptografia**

   o **AES (Advanced Encryption Standard)**: Um dos algoritmos de criptografia simétrica mais usados para proteger dados em repouso e em trânsito.

- o **RSA**: Um algoritmo de criptografia assimétrica amplamente utilizado para proteger a troca de chaves e a comunicação segura.

- o **SSL/TLS**: Protocolos que garantem a segurança da comunicação na internet, fornecendo criptografia e autenticação de servidores.

- o **PGP/GPG**: Ferramentas para criptografia de e-mails e arquivos, permitindo a proteção e assinatura de dados.

2. **Ferramentas de Segurança de Redes**

- o **Firewalls (ex. pfSense, Cisco ASA)**: Dispositivos ou software que monitoram e controlam o tráfego de rede com base em regras de segurança pré-definidas.

- o **IDS/IPS (Intrusion Detection/Prevention Systems)**:

  - ▪ **Snort, Suricata**: Ferramentas que detectam e/ou previnem atividades suspeitas em uma rede.

- o **VPN (Virtual Private Network)**: Ferramentas e tecnologias (ex. OpenVPN, WireGuard) usadas para criar conexões seguras e criptografadas entre redes públicas e privadas.

3. **Ferramentas de Análise de Vulnerabilidades**

- o **Nmap**: Uma ferramenta de varredura de rede usada para descobrir hosts e serviços em uma rede, auxiliando na identificação de vulnerabilidades.

- o **Nessus**: Uma ferramenta de escaneamento de vulnerabilidades que verifica sistemas em busca de fraquezas conhecidas.

- o **Metasploit**: Um framework que permite testar a segurança de sistemas ao explorar vulnerabilidades conhecidas, muito usado em testes de penetração (pentests).

4. **Segurança de Aplicações**

- o **OWASP (Open Web Application Security Project)**: Conjunto de práticas e ferramentas (como OWASP ZAP) que ajudam a proteger aplicações web contra as ameaças mais comuns, como injeção SQL e cross-site scripting (XSS).

- o **WAF (Web Application Firewall)**: Ferramentas como ModSecurity que protegem aplicações web ao filtrar e monitorar o tráfego HTTP.

5. **Segurança em Sistemas Operacionais**

- SELinux/AppArmor: Módulos de segurança para Linux que restringem as capacidades de processos, aumentando a segurança do sistema.

- Hardening de SO: Práticas de fortalecimento de sistemas operacionais, incluindo a desativação de serviços não necessários, configuração de permissões de arquivo, e aplicação de patches de segurança.

6. **Ferramentas de Monitoramento e Logging**

- Splunk, ELK Stack (Elasticsearch, Logstash, Kibana): Ferramentas para coleta, análise e monitoramento de logs de sistemas, essenciais para identificar e responder a incidentes de segurança.

- SIEM (Security Information and Event Management):

  - IBM QRadar, ArcSight: Plataformas que agregam e analisam logs e eventos de segurança em tempo real, ajudando na detecção e resposta a ameaças.

7. **Segurança em Nuvem**

- AWS/Azure Security Tools: Conjunto de ferramentas fornecidas pelos principais provedores de nuvem para monitorar, proteger e gerenciar a segurança de infraestruturas na nuvem.

- Cloud Access Security Brokers (CASB): Ferramentas que aplicam políticas de segurança ao uso de serviços em nuvem, garantindo conformidade e proteção de dados.

8. **Engenharia Social e Conscientização**

- Phishing Simulation Tools: Ferramentas que simulam ataques de phishing para treinar e sensibilizar funcionários sobre os perigos de ataques baseados em engenharia social.

- Frameworks de Treinamento: Plataformas que oferecem cursos e módulos de treinamento para aumentar a conscientização sobre segurança entre os funcionários.

9. **Ferramentas de Resposta a Incidentes**

- Cortex XSOAR, TheHive: Ferramentas para automatizar a coleta de dados, análise e resposta a incidentes de segurança.

- Playbooks de Resposta a Incidentes: Conjuntos de procedimentos automatizados que guiam a equipe na resposta rápida e eficiente a incidentes.

10. **Certificações e Padrões de Segurança**

- o **ISO/IEC 27001**: Um padrão de segurança que especifica os requisitos para estabelecer, implementar, manter e melhorar um sistema de gestão de segurança da informação (ISMS).

- o **PCI-DSS**: Padrão de segurança para proteger dados de cartões de crédito, essencial para empresas que processam esses dados.

- o **Certificações**: Certificações como **Certified Information Systems Security Professional (CISSP)**, **Certified Ethical Hacker (CEH)**, e **Certified Information Security Manager (CISM)** são altamente valorizadas e cobrem uma ampla gama de tópicos em segurança da informação.

O Dia a Dia de um Profissional de Segurança da Informação

O trabalho de um profissional de segurança da informação é multifacetado, exigindo uma combinação de vigilância constante, resposta rápida a incidentes e implementação de medidas proativas para proteger sistemas e dados. Aqui estão as principais atividades do dia a dia:

1. **Monitoramento Contínuo**

   - o Monitorar redes, sistemas e aplicativos em busca de atividades suspeitas usando ferramentas de SIEM e dashboards de segurança.

   - o Configurar alertas para eventos de segurança críticos e garantir que eles sejam revisados e respondidos prontamente.

2. **Gestão de Vulnerabilidades**

   - o Realizar varreduras regulares de vulnerabilidades em sistemas e redes usando ferramentas como Nessus ou Nmap.

   - o Analisar os relatórios de vulnerabilidade, priorizar as ameaças com base em seu impacto potencial, e trabalhar com as equipes de TI para mitigar as fraquezas identificadas.

3. **Resposta a Incidentes**

   - o Investigar e responder a incidentes de segurança, como tentativas de invasão, violações de dados ou ataques DDoS. Usar ferramentas de análise forense para entender a causa raiz do incidente.

o Documentar cada incidente, criar relatórios detalhados e, quando necessário, implementar melhorias para evitar futuras ocorrências.

4. **Desenvolvimento e Implementação de Políticas de Segurança**

o Criar e manter políticas de segurança da informação, como diretrizes de senhas, políticas de acesso e uso aceitável de recursos de TI.

o Implementar práticas de segurança em toda a organização, incluindo a configuração de firewalls, segmentação de redes e uso de VPNs.

5. **Treinamento e Conscientização**

o Realizar sessões de treinamento e conscientização de segurança para funcionários, abordando tópicos como phishing, engenharia social, e boas práticas de segurança online.

o Organizar simulações de ataque para testar a prontidão da equipe e ajustar estratégias de defesa.

6. **Auditoria e Compliance**

o Conduzir auditorias internas para garantir que as práticas de segurança estejam em conformidade com os padrões e regulamentos da indústria, como ISO 27001, PCI-DSS ou GDPR.

o Colaborar com auditores externos para revisar políticas de segurança e responder a quaisquer questões ou falhas identificadas.

7. **Pesquisa e Atualização Contínua**

o Manter-se atualizado com as últimas ameaças e tendências em segurança cibernética, incluindo novas vulnerabilidades e técnicas de ataque.

o Experimentar e implementar novas ferramentas e métodos de defesa, como machine learning para detecção de anomalias ou novas abordagens para criptografia.

8. **Implementação de Segurança em Novos Projetos**

o Trabalhar com equipes de desenvolvimento e operações para garantir que a segurança seja integrada em todas as fases do ciclo de vida de desenvolvimento de software (SDLC).

o Realizar revisões de código e testes de penetração em novas aplicações antes de sua implantação em produção.

O papel de um profissional de segurança da informação é vital em qualquer organização que dependa de dados e sistemas digitais. A natureza proativa e reativa do trabalho requer habilidades técnicas robustas, uma mentalidade analítica e uma dedicação contínua à proteção de ativos digitais contra uma paisagem de ameaças em constante evolução.

Data Science e Big Data: Transformando Dados em Conhecimento

Data Science e **Big Data** são áreas interconectadas que se concentram na coleta, análise e interpretação de grandes volumes de dados para extrair insights valiosos e tomar decisões baseadas em evidências. Enquanto a ciência de dados se concentra em métodos estatísticos, algoritmos e machine learning para analisar dados, o Big Data lida com o processamento e armazenamento de enormes quantidades de dados que são gerados em alta velocidade.

Principais Tecnologias para Estudo em Data Science e Big Data

Para se destacar nessas áreas, é fundamental dominar uma variedade de tecnologias e ferramentas que suportam a análise de dados e a manipulação de grandes volumes de informações.

1. **Linguagens de Programação**

   o **Python**: A linguagem mais popular para ciência de dados, devido às suas bibliotecas poderosas, como Pandas (manipulação de dados), NumPy (computação numérica), Matplotlib/Seaborn (visualização), e Scikit-learn (machine learning).

   o **R**: Muito utilizada em estatística e análise de dados, com pacotes como ggplot2 (visualização) e caret (machine learning).

   o **SQL**: Essencial para a manipulação de dados em bancos de dados relacionais. Aprofundar-se em variantes como PostgreSQL, MySQL, e SQL Server é importante.

2. **Big Data Frameworks**

   o **Apache Hadoop**: Um dos frameworks mais conhecidos para o processamento distribuído de grandes conjuntos de dados. Inclui o Hadoop Distributed File System (HDFS) e o MapReduce para processamento paralelo.

   o **Apache Spark**: Um framework para processamento de dados em memória, conhecido por sua velocidade e capacidade de lidar com grandes volumes de dados. Suporta processamento em batch e streaming, além de MLlib para machine learning.

- o **Apache Kafka**: Uma plataforma de streaming distribuído usada para construir pipelines de dados em tempo real.

3. **Bancos de Dados e Armazenamento de Dados**
   - o **Bancos de Dados NoSQL**:
     - **MongoDB, Cassandra**: Usados para armazenar grandes volumes de dados não estruturados ou semiestruturados.
   - o **Bancos de Dados Relacionais**:
     - **PostgreSQL, MySQL**: Bancos de dados tradicionais que suportam análises complexas com SQL.
   - o **Data Warehouses**:
     - **Amazon Redshift, Google BigQuery, Snowflake**: Armazenam grandes volumes de dados para análise rápida e escalável.
   - o **Lakes de Dados (Data Lakes)**:
     - **Amazon S3, Azure Data Lake, Hadoop HDFS**: Usados para armazenar dados em seu formato bruto, que pode ser estruturado, semiestruturado ou não estruturado.

4. **Ferramentas de Visualização de Dados**
   - o **Tableau, Power BI**: Ferramentas de business intelligence para criar dashboards interativos e relatórios visuais que ajudam na tomada de decisões.
   - o **Matplotlib, Seaborn, Plotly**: Bibliotecas de Python para visualização de dados que permitem criar gráficos detalhados e customizados.

5. **Machine Learning e IA**
   - o **Scikit-learn**: Biblioteca em Python que oferece algoritmos de machine learning para tarefas como classificação, regressão e clustering.
   - o **TensorFlow, PyTorch**: Frameworks para deep learning, usados para construir e treinar redes neurais profundas.
   - o **Keras**: API de alto nível que funciona em cima do TensorFlow, facilitando a construção e treinamento de modelos de deep learning.

6. **Ferramentas e Plataformas de Computação em Nuvem**

- o **Amazon Web Services (AWS)**: Serviços como S3 (armazenamento de dados), EC2 (computação em nuvem), e SageMaker (treinamento de modelos de machine learning).

- o **Google Cloud Platform (GCP)**: BigQuery (data warehouse), Dataflow (processamento de dados em streaming), e AI Platform (desenvolvimento de modelos de IA).

- o **Microsoft Azure**: Serviços como Azure Machine Learning, Azure Data Lake, e Cosmos DB (banco de dados NoSQL).

7. **Ferramentas de ETL (Extract, Transform, Load)**

- o **Apache NiFi, Talend, Informatica**: Ferramentas para construir pipelines de dados que extraem, transformam e carregam dados em sistemas de armazenamento e análise.

- o **Apache Airflow**: Um orquestrador de workflows que ajuda a automatizar o processo de ETL e outras tarefas relacionadas a dados.

8. **Estatística e Matemática**

- o **Teoria das Probabilidades, Álgebra Linear, Cálculo**: Fundamentos matemáticos essenciais para compreender e desenvolver algoritmos de machine learning e análise de dados.

- o **Métodos Estatísticos**: Técnicas como regressão linear, análise de variância (ANOVA), testes de hipóteses, entre outras, são cruciais para interpretar dados corretamente.

O Dia a Dia de um Cientista de Dados ou Engenheiro de Big Data

O trabalho em Data Science e Big Data envolve uma combinação de coleta de dados, análise, desenvolvimento de modelos, e comunicação de resultados para ajudar as organizações a tomar decisões informadas.

1. **Coleta e Pré-processamento de Dados**

- o Extrair dados de diversas fontes, como bancos de dados SQL, APIs, logs de servidores, e data lakes.

- o Limpar e transformar os dados para torná-los consistentes e usáveis, o que pode envolver tratamento de valores ausentes, normalização de dados, e agregação de informações.

- o Realizar análises exploratórias para entender a distribuição dos dados e identificar padrões ou outliers.

2. **Análise e Modelagem**

- Aplicar técnicas estatísticas e algoritmos de machine learning para analisar dados e construir modelos preditivos ou de classificação.
- Experimentar com diferentes modelos, ajustando hiperparâmetros e avaliando o desempenho usando métricas como acurácia, precisão, recall, e F1-score.
- Utilizar ferramentas de visualização para explorar os dados e comunicar descobertas de forma clara e impactante.

3. **Desenvolvimento e Deploy de Modelos**

- Implementar e treinar modelos de machine learning em ambientes de produção usando frameworks como TensorFlow ou PyTorch.
- Colaborar com engenheiros de software e DevOps para integrar os modelos em sistemas de produção, garantindo que possam ser escalados e monitorados.
- Utilizar técnicas de MLOps para automatizar o ciclo de vida dos modelos, incluindo versionamento, monitoramento e re-treinamento.

4. **Trabalho com Big Data**

- Processar grandes volumes de dados usando frameworks como Hadoop e Spark, distribuindo as tarefas em clusters para melhorar a eficiência e velocidade.
- Construir e manter pipelines de dados que movem e transformam grandes quantidades de dados de forma escalável e confiável.
- Implementar soluções para processamento de dados em tempo real, como usar Apache Kafka para ingestão de streams de dados.

5. **Comunicação e Relatórios**

- Criar dashboards e relatórios para compartilhar insights com stakeholders, muitas vezes utilizando ferramentas de visualização como Tableau ou Power BI.
- Apresentar resultados de análises complexas de maneira compreensível para públicos não técnicos, incluindo executivos e gerentes de produto.

6. **Colaboração Interdisciplinar**

- Trabalhar em estreita colaboração com equipes de produto, marketing, operações e finanças para entender as necessidades de dados e formular perguntas de pesquisa que possam ser respondidas com dados.
- Participar de reuniões para definir problemas de negócios e transformar essas necessidades em projetos de dados.

7. **Pesquisa e Desenvolvimento**

   o Explorar novas técnicas, algoritmos e ferramentas que possam melhorar a análise de dados ou a precisão dos modelos preditivos.

   o Experimentar com técnicas avançadas de machine learning e deep learning para enfrentar desafios específicos, como processamento de linguagem natural (NLP) ou visão computacional.

8. **Manutenção e Melhoria Contínua**

   o Monitorar o desempenho dos modelos em produção e ajustá-los conforme necessário, especialmente quando novos dados são introduzidos.

   o Revisar e otimizar pipelines de dados para garantir eficiência e reduzir custos de processamento.

9. **Segurança e Conformidade**

   o Assegurar que os dados sejam armazenados e processados de acordo com as regulamentações de privacidade, como GDPR ou LGPD.

   o Implementar controles de segurança para proteger dados sensíveis, especialmente ao trabalhar com informações pessoais identificáveis (PII).

O papel de um profissional em Data Science e Big Data é fundamental para transformar grandes volumes de dados brutos em informações acionáveis, que ajudam as organizações a tomar decisões estratégicas, melhorar processos e inovar em produtos e serviços. A capacidade de trabalhar com dados em escala e extrair insights valiosos é um diferencial competitivo em um mundo cada vez mais orientado por dados.

Cloud Computing: O Futuro da Infraestrutura de TI

Cloud Computing (Computação em Nuvem) refere-se à entrega de serviços de computação—incluindo servidores, armazenamento, bancos de dados, redes, software, analytics e inteligência—pela internet ("a nuvem"). Essa abordagem permite que as empresas acessem e utilizem recursos computacionais sob demanda, sem a necessidade de investir em infraestrutura física cara e complexa.

Principais Tecnologias para Estudo em Cloud Computing

Para se tornar um especialista em computação em nuvem, é essencial compreender tanto os conceitos fundamentais quanto as ferramentas e plataformas específicas que dominam o mercado.

1. **Principais Provedores de Nuvem**

   o **Amazon Web Services (AWS)**: O maior e mais popular provedor de nuvem, oferecendo uma vasta gama de serviços, como EC2 (Elastic Compute Cloud), S3 (Simple Storage Service), RDS (Relational Database Service), Lambda (computação serverless), e muitos outros.

   o **Microsoft Azure**: Plataforma de nuvem da Microsoft, que integra serviços como Azure Virtual Machines, Azure Storage, Azure SQL Database, e Azure Functions.

   o **Google Cloud Platform (GCP)**: A nuvem do Google oferece serviços como Compute Engine, Google Cloud Storage, BigQuery (análise de grandes volumes de dados) e Kubernetes Engine (orquestração de contêineres).

2. **Infraestrutura como Código (IaC)**

   o **Terraform**: Ferramenta de IaC que permite definir e provisionar infraestrutura de TI usando arquivos de configuração, suportando múltiplos provedores de nuvem.

   o **AWS CloudFormation**: Serviço específico da AWS que permite criar e gerenciar recursos de infraestrutura usando templates escritos em JSON ou YAML.

   o **Ansible, Chef, Puppet**: Ferramentas de automação de TI que também suportam IaC, facilitando a configuração e gerenciamento de servidores e aplicativos em nuvem.

3. **Contêineres e Orquestração**

   o **Docker**: Plataforma que permite criar, implantar e gerenciar contêineres, facilitando o desenvolvimento e a execução de aplicativos em ambientes isolados e consistentes.

   o **Kubernetes**: Sistema de orquestração de contêineres que automatiza o gerenciamento, escalabilidade e implantação de aplicativos em contêineres, amplamente usado em ambientes de nuvem.

- **OpenShift**: Plataforma de contêineres baseada em Kubernetes, desenvolvida pela Red Hat, que oferece ferramentas adicionais para o desenvolvimento de aplicativos empresariais.

4. **Serverless Computing**

- **AWS Lambda**: Serviço que permite executar código sem gerenciar servidores. Ideal para tarefas que respondem a eventos, como mudanças em bancos de dados ou uploads de arquivos.

- **Azure Functions**: Equivalente da Microsoft para computação serverless, integrando-se facilmente com outros serviços do Azure.

- **Google Cloud Functions**: Serviço de funções serverless do Google, projetado para construir aplicativos leves e altamente escaláveis.

5. **Armazenamento e Bancos de Dados em Nuvem**

- **Amazon S3, Azure Blob Storage, Google Cloud Storage**: Serviços de armazenamento de objetos que oferecem escalabilidade, durabilidade e segurança para armazenar grandes quantidades de dados.

- **Amazon RDS, Azure SQL Database, Google Cloud SQL**: Serviços de bancos de dados relacionais gerenciados que oferecem escalabilidade e facilidade de gerenciamento.

- **NoSQL Databases**:

  - **Amazon DynamoDB, Azure Cosmos DB, Google Cloud Firestore**: Bancos de dados NoSQL em nuvem que oferecem alta disponibilidade e baixa latência para aplicações que requerem acesso rápido a grandes volumes de dados.

6. **Ferramentas de Monitoramento e Gerenciamento**

- **AWS CloudWatch, Azure Monitor, Google Cloud Operations Suite**: Ferramentas que permitem monitorar a performance de recursos em nuvem, gerenciar logs e configurar alertas para problemas.

- **Prometheus & Grafana**: Usadas para monitoramento e visualização de métricas em tempo real, especialmente em ambientes Kubernetes.

7. **Segurança na Nuvem**

- **IAM (Identity and Access Management)**: Serviços como AWS IAM, Azure AD (Active Directory) e Google Cloud IAM são fundamentais para gerenciar e controlar o acesso a recursos na nuvem.

- **Encryption Services**: Ferramentas para criptografia de dados em repouso e em trânsito, como AWS KMS (Key Management Service), Azure Key Vault, e Google Cloud KMS.

- **Compliance Tools**: Ferramentas e serviços que ajudam as organizações a garantir que suas operações na nuvem estão em conformidade com normas e regulamentações, como PCI DSS, GDPR, etc.

8. **Ferramentas de DevOps Integradas**

- **CI/CD Pipelines**: Ferramentas como AWS CodePipeline, Azure DevOps, e Google Cloud Build permitem a integração e entrega contínuas de software, facilitando a automação do desenvolvimento, teste e implantação de aplicativos.

- **Infrastructure Monitoring**: Soluções como New Relic, Datadog, e Splunk para monitoramento de desempenho, logging, e análise de sistemas em nuvem.

O Dia a Dia de um Programador em Cloud Computing

O papel de um profissional de cloud computing pode variar muito dependendo da empresa e do projeto, mas em geral, envolve a criação, gerenciamento e otimização de infraestrutura e serviços baseados em nuvem. Aqui estão as principais atividades do dia a dia:

1. **Design e Arquitetura de Soluções em Nuvem**

- Trabalhar com arquitetos de soluções para planejar e desenhar a infraestrutura de nuvem necessária para suportar os aplicativos e serviços da empresa.

- Selecionar os serviços de nuvem mais adequados, considerando custo, performance, escalabilidade e segurança.

- Criar diagramas de arquitetura que mapeiam a distribuição de recursos, redes, e serviços em diferentes regiões e zonas de disponibilidade.

2. **Provisionamento e Gerenciamento de Infraestrutura**

- Usar ferramentas de IaC como Terraform ou CloudFormation para provisionar e configurar recursos de nuvem, garantindo que a infraestrutura seja replicável e fácil de gerenciar.

- Monitorar e ajustar os recursos de nuvem com base nas necessidades do aplicativo, escalando ou reduzindo conforme necessário para otimizar custos e desempenho.

- Automatizar a criação de ambientes de desenvolvimento, teste e produção para acelerar o ciclo de desenvolvimento.

3. **Desenvolvimento de Aplicações Nativas em Nuvem**

   o Trabalhar com linguagens de programação e frameworks que suportam a computação em nuvem, como Python, Node.js, ou Java, integrando diretamente com APIs de serviços em nuvem.

   o Implementar funções serverless para lidar com eventos específicos sem a necessidade de gerenciar a infraestrutura subjacente.

   o Desenvolver microsserviços e aplicativos distribuídos que possam ser facilmente escalados e atualizados.

4. **Integração e Entrega Contínua (CI/CD)**

   o Configurar pipelines de CI/CD para automatizar o processo de construção, teste e implantação de aplicativos em nuvem.

   o Garantir que novos releases sejam devidamente testados em ambientes de staging antes de serem promovidos para produção.

   o Monitorar as implantações para detectar e resolver rapidamente quaisquer problemas que possam surgir.

5. **Monitoramento e Otimização**

   o Utilizar ferramentas de monitoramento como CloudWatch, Azure Monitor ou Prometheus para rastrear a saúde dos serviços, identificando gargalos e problemas de desempenho.

   o Analisar logs e métricas para prever e evitar problemas, além de implementar melhorias contínuas na infraestrutura e nos aplicativos.

   o Trabalhar para otimizar o uso de recursos, ajustando a configuração da nuvem para reduzir custos sem comprometer o desempenho.

6. **Segurança e Conformidade**

   o Implementar e gerenciar políticas de segurança usando IAM para controlar o acesso a recursos e garantir que as práticas recomendadas de segurança sejam seguidas.

   o Realizar auditorias regulares de segurança e conformidade, garantindo que os sistemas estejam em conformidade com as regulamentações pertinentes.

   o Configurar e manter a criptografia de dados em repouso e em trânsito, além de responder a incidentes de segurança conforme necessário.

7. **Colaboração e Suporte**

- o Colaborar com desenvolvedores, engenheiros de DevOps, e outras equipes técnicas para resolver problemas e implementar novas funcionalidades.

- o Fornecer suporte e treinamento para outros membros da equipe sobre o uso de ferramentas e práticas de cloud computing.

- o Participar de reuniões para discutir a arquitetura, estratégias de otimização de custos, e planejamento de novas implementações ou migrações para a nuvem.

8. **Pesquisa e Desenvolvimento Contínuo**

- o Manter-se atualizado com as novas tecnologias, serviços e práticas recomendadas no universo da computação em nuvem, participando de conferências, webinars, e treinamentos.

- o Experimentar com novas ferramentas e serviços oferecidos pelos provedores de nuvem para melhorar a eficiência, segurança e escalabilidade dos sistemas existentes.

9. **Gerenciamento de Migrações para a Nuvem**

- o Planejar e executar migrações de sistemas legados para a nuvem, incluindo a reestruturação de aplicativos para aproveitar melhor os serviços de nuvem.

- o Testar e validar as migrações para garantir que todos os componentes funcionem corretamente no novo ambiente.

- o Minimizar o tempo de inatividade e os riscos durante as migrações, garantindo uma transição suave para a nuvem.

O trabalho em computação em nuvem é dinâmico e requer uma combinação de habilidades técnicas, pensamento estratégico e capacidade de adaptação a novas tecnologias. Com a nuvem se tornando cada vez mais central para a infraestrutura de TI global, o papel de um programador ou engenheiro de nuvem é crucial para ajudar as organizações a inovar e permanecer competitivas.

Inteligência Artificial e Machine Learning: A Revolução da Tecnologia

Inteligência Artificial (IA) e **Machine Learning (ML)** são subcampos da ciência da computação focados em criar sistemas que imitam capacidades humanas, como aprendizado, raciocínio e tomada de decisão. Enquanto a IA abrange um espectro mais amplo de técnicas para simular a inteligência humana, o ML é um subsetor específico que se concentra em algoritmos e modelos que permitem que os sistemas aprendam com os dados e melhorem seu desempenho com o tempo.

Principais Tecnologias para Estudo em Inteligência Artificial e Machine Learning

Para se destacar em IA e ML, é essencial dominar uma variedade de ferramentas, técnicas e conceitos. Aqui estão algumas das principais tecnologias e áreas de estudo:

1. **Linguagens de Programação**

   - **Python**: A linguagem de escolha para a maioria dos projetos de IA e ML, devido às suas bibliotecas robustas e suporte ativo da comunidade. Bibliotecas essenciais incluem:

     - **NumPy**: Para manipulação de arrays e operações matemáticas.

- **Pandas**: Para manipulação e análise de dados.

- **Scikit-learn**: Para algoritmos básicos de ML e pré-processamento de dados.

- **TensorFlow, Keras, PyTorch**: Para construção e treinamento de redes neurais e deep learning.

2. **Frameworks e Bibliotecas de Machine Learning**

   o **TensorFlow**: Biblioteca de código aberto desenvolvida pelo Google para deep learning, com suporte para redes neurais e aplicações em larga escala.

   o **PyTorch**: Biblioteca de deep learning desenvolvida pelo Facebook, conhecida por sua flexibilidade e facilidade de uso, especialmente em pesquisa.

   o **Scikit-learn**: Biblioteca em Python para machine learning que oferece ferramentas para modelagem, pré-processamento, e validação.

   o **XGBoost, LightGBM, CatBoost**: Bibliotecas para boosting de gradiente, muito usadas em competições de ML e problemas de classificação e regressão.

3. **Algoritmos de Machine Learning**

   o **Regressão Linear e Logística**: Modelos básicos para tarefas de regressão e classificação.

   o **Árvores de Decisão e Random Forests**: Modelos baseados em árvores para classificação e regressão.

   o **Support Vector Machines (SVMs)**: Algoritmos para classificação e regressão baseados em margens máximas.

   o **Redes Neurais**: Estruturas compostas por camadas de neurônios artificiais, essenciais para deep learning.

   o **Algoritmos de Clustering**: Como K-means e DBSCAN para agrupamento de dados não rotulados.

4. **Deep Learning**

   o **Redes Neurais Convolucionais (CNNs)**: Usadas principalmente para tarefas de visão computacional, como reconhecimento de imagem e detecção de objetos.

   o **Redes Neurais Recorrentes (RNNs) e LSTM**: Utilizadas para dados sequenciais e processamento de linguagem natural (NLP).

- o **Redes Generativas Adversariais (GANs)**: Usadas para gerar dados novos que são semelhantes aos dados de treinamento.

5. **Processamento de Linguagem Natural (NLP)**

   - o **SpaCy e NLTK**: Bibliotecas para processamento e análise de texto.

   - o **Transformers**: Arquitetura moderna para NLP, com modelos como BERT e GPT que são altamente eficazes em tarefas de linguagem natural.

6. **Plataformas e Serviços de Machine Learning**

   - o **Google Cloud AI, Amazon SageMaker, Microsoft Azure Machine Learning**: Plataformas em nuvem que oferecem ferramentas para construção, treinamento e deploy de modelos de ML.

   - o **AutoML**: Ferramentas que automatizam o processo de treinamento de modelos de machine learning, como Google AutoML e H2O.ai.

7. **Visualização e Interpretação de Dados**

   - o **Matplotlib, Seaborn, Plotly**: Bibliotecas para criar visualizações detalhadas de dados e resultados de modelos.

   - o **TensorBoard**: Ferramenta para visualização de métricas e processos de treinamento em TensorFlow.

8. **Big Data e Processamento de Dados**

   - o **Apache Spark**: Plataforma para processamento de dados em larga escala que pode ser integrada com MLlib para machine learning em big data.

   - o **Hadoop**: Framework para processamento distribuído de grandes conjuntos de dados, que pode ser usado em combinação com ferramentas de ML.

9. **Etapas do Processo de Machine Learning**

   - o **Pré-processamento de Dados**: Limpeza, transformação e preparação dos dados para o treinamento dos modelos.

   - o **Validação e Teste**: Dividir os dados em conjuntos de treinamento e teste, e usar técnicas de validação cruzada para avaliar o desempenho do modelo.

   - o **Ajuste de Hiperparâmetros**: Otimização dos parâmetros do modelo para melhorar o desempenho.

10. **Ética e Responsabilidade em IA**

- o **Privacidade e Segurança de Dados**: Práticas para proteger dados sensíveis e garantir a privacidade dos usuários.

- o **Viés e Justiça**: Técnicas para identificar e mitigar viés em modelos de machine learning.

O Dia a Dia de um Programador em Inteligência Artificial e Machine Learning

O trabalho de um programador ou engenheiro de IA/ML envolve uma série de atividades relacionadas ao desenvolvimento, implementação e manutenção de sistemas baseados em IA e ML. Aqui está um panorama geral das tarefas diárias:

1. **Coleta e Pré-processamento de Dados**

   - o **Coleta de Dados**: Buscar e reunir dados relevantes de várias fontes, como bancos de dados, APIs ou conjuntos de dados públicos.

   - o **Limpeza e Transformação**: Tratar dados faltantes, remover duplicatas, normalizar e transformar os dados para torná-los adequados para análise e treinamento de modelos.

2. **Desenvolvimento de Modelos**

   - o **Seleção de Algoritmos**: Escolher os algoritmos de machine learning mais adequados para o problema em questão, como regressão, classificação ou clustering.

   - o **Treinamento de Modelos**: Utilizar conjuntos de dados para treinar modelos de machine learning, ajustando os hiperparâmetros para melhorar o desempenho.

   - o **Avaliação de Modelos**: Testar os modelos usando métricas de desempenho, como precisão, recall, F1-score, e ajustar conforme necessário.

3. **Implementação e Integração**

   - o **Deploy de Modelos**: Implementar modelos em ambientes de produção, integrando-os com sistemas existentes e garantindo que funcionem corretamente.

   - o **Automação**: Configurar pipelines de CI/CD para automatizar o treinamento, teste e deploy de modelos de machine learning.

4. **Monitoramento e Manutenção**

- o **Monitoramento de Desempenho**: Rastrear o desempenho dos modelos em produção para garantir que eles permaneçam precisos e eficientes ao longo do tempo.

- o **Manutenção e Atualização**: Atualizar e ajustar modelos com base em novos dados ou mudanças nas condições do mercado.

5. **Exploração e Análise de Dados**

- o **Análise Exploratória**: Usar técnicas de visualização e análise para entender os dados, identificar padrões e detectar outliers.

- o **Experimentos e Iteração**: Realizar experimentos com diferentes algoritmos, técnicas de pré-processamento e ajustes de hiperparâmetros para melhorar os modelos.

6. **Comunicação e Colaboração**

- o **Relatórios e Documentação**: Criar relatórios detalhados sobre o desempenho dos modelos e documentar os processos e resultados para a equipe e stakeholders.

- o **Colaboração**: Trabalhar com outros engenheiros, cientistas de dados, e equipes de produto para entender os requisitos do negócio e garantir que as soluções de IA atendam às necessidades.

7. **Pesquisa e Desenvolvimento**

- o **Exploração de Novas Técnicas**: Manter-se atualizado com os últimos avanços em IA e ML, experimentando novas técnicas e algoritmos.

- o **Papers e Publicações**: Ler e revisar artigos acadêmicos, participando de conferências e workshops para aprender e contribuir para o campo.

8. **Ética e Conformidade**

- o **Avaliação de Viés**: Identificar e mitigar possíveis viéses nos dados e modelos para garantir que as soluções sejam justas e imparciais.

- o **Segurança e Privacidade**: Implementar práticas para proteger dados sensíveis e garantir que os sistemas estejam em conformidade com regulamentações de privacidade.

9. **Educação e Treinamento**

- o **Capacitação**: Fornecer treinamentos e workshops para outros membros da equipe sobre o uso de ferramentas e técnicas de machine learning.

o **Mentoria**: Ajudar a orientar e desenvolver habilidades em colegas ou novos membros da equipe.

10. **Iteração e Aprimoramento**

o **Feedback e Iteração**: Incorporar feedback dos usuários e stakeholders para aprimorar os modelos e soluções com base em suas experiências e necessidades.

O papel de um programador ou engenheiro em IA e ML é central para criar soluções que podem transformar a maneira como as organizações operam e tomam decisões. Trabalhar com inteligência artificial e machine learning exige não apenas habilidades técnicas e conhecimento de ferramentas e algoritmos, mas também a capacidade de entender e interpretar dados, resolver problemas complexos e contribuir para inovações tecnológicas.

Blockchain: A Tecnologia por Trás das Transações Seguras

Blockchain é uma tecnologia que permite a criação de registros digitais imutáveis e descentralizados, frequentemente usados para garantir a segurança e integridade das transações. Originalmente desenvolvida para suportar criptomoedas como o Bitcoin, a tecnologia blockchain está se expandindo para uma variedade de setores, incluindo finanças, logística, saúde e muito mais.

Principais Tecnologias para Estudo em Blockchain

Para se tornar um especialista em blockchain, é importante entender as tecnologias fundamentais, plataformas e ferramentas que dominam o campo. Aqui estão algumas das principais áreas e tecnologias para estudar:

1. **Conceitos Fundamentais de Blockchain**

o **Criptografia**: Entendimento de algoritmos criptográficos, como hash functions (SHA-256, SHA-3) e assinaturas digitais, para garantir a integridade e segurança dos dados.

- Consenso: Mecanismos de consenso como Proof of Work (PoW), Proof of Stake (PoS), e Delegated Proof of Stake (DPoS), que garantem que todos os participantes da rede concordem com o estado do blockchain.

2. **Principais Plataformas de Blockchain**

- **Bitcoin**: A primeira e mais conhecida criptomoeda, baseada em uma blockchain pública e descentralizada. Compreender o funcionamento do Bitcoin é essencial para entender os fundamentos da tecnologia blockchain.

- **Ethereum**: Uma plataforma de blockchain que permite a criação de contratos inteligentes e aplicativos descentralizados (dApps). Conhecimento de Ethereum é fundamental para desenvolvimento de aplicações blockchain.

- **Binance Smart Chain (BSC)**: Uma blockchain que suporta contratos inteligentes e é compatível com a Ethereum Virtual Machine (EVM), frequentemente usada para aplicações descentralizadas.

- **Polkadot e Cosmos**: Plataformas que visam a interoperabilidade entre diferentes blockchains, permitindo que eles se comuniquem e compartilhem informações.

- **Hyperledger**: Um projeto open source que fornece frameworks e ferramentas para criar blockchains empresariais, como Hyperledger Fabric e Hyperledger Sawtooth.

3. **Contratos Inteligentes (Smart Contracts)**

- **Solidity**: Linguagem de programação para escrever contratos inteligentes na blockchain Ethereum.

- **Vyper**: Outra linguagem para escrever contratos inteligentes na Ethereum, projetada para ser mais segura e fácil de auditar.

- **Rust**: Usada para desenvolver contratos inteligentes em plataformas como Polkadot e Solana.

4. **Desenvolvimento de Aplicações Descentralizadas (dApps)**

- **Web3.js e Ethers.js**: Bibliotecas JavaScript para interagir com a blockchain Ethereum e contratos inteligentes.

- **Truffle e Hardhat**: Frameworks para desenvolvimento, teste e implantação de contratos inteligentes e dApps.

5. **Infraestrutura de Blockchain**

- **Nós e Rede**: Configuração e manutenção de nós (nodes) que validam e propagam transações em uma rede blockchain.

- o **Escalabilidade**: Técnicas e soluções para aumentar o throughput da blockchain, como sharding e Layer 2 solutions (e.g., Lightning Network para Bitcoin, Optimistic Rollups para Ethereum).

6. **Segurança e Auditoria**

   - o **Auditoria de Contratos Inteligentes**: Ferramentas e práticas para verificar a segurança e a correta implementação de contratos inteligentes, como Mythril e Oyente.

   - o **Práticas de Segurança**: Medidas para proteger redes e aplicativos blockchain contra ataques e vulnerabilidades.

7. **Interoperabilidade**

   - o **Protocolos de Interoperabilidade**: Técnicas e padrões para permitir que diferentes blockchains se comuniquem e troquem informações de forma segura e eficiente.

8. **Criptomoedas e Tokens**

   - o **ERC-20 e ERC-721**: Padrões de tokens para Ethereum, com ERC-20 para tokens fungíveis e ERC-721 para tokens não fungíveis (NFTs).

   - o **Stablecoins**: Criptomoedas atreladas a ativos estáveis, como o dólar americano, para reduzir a volatilidade.

9. **Regulamentação e Conformidade**

   - o **Normas e Leis**: Conhecimento das regulamentações legais e de conformidade que afetam o uso e desenvolvimento de blockchain e criptomoedas.

10. **Tecnologias Emergentes**

    - o **Zero-Knowledge Proofs**: Técnicas criptográficas que permitem validar informações sem revelar os dados subjacentes, usadas para aumentar a privacidade e a escalabilidade.

    - o **Decentralized Finance (DeFi)**: Conjunto de aplicativos e protocolos financeiros que operam de forma descentralizada sobre blockchains.

O Dia a Dia de um Programador em Blockchain

O trabalho de um programador de blockchain pode variar amplamente, dependendo do projeto e da empresa. No entanto, geralmente envolve as seguintes atividades:

1. **Desenvolvimento de Contratos Inteligentes**

   o **Especificação e Codificação**: Escrever e testar contratos inteligentes que definem regras e executam transações automaticamente na blockchain.

   o **Testes e Depuração**: Usar frameworks como Truffle ou Hardhat para testar contratos inteligentes em ambientes de teste antes de implantá-los na rede principal.

2. **Desenvolvimento de dApps**

   o **Interface de Usuário**: Construir interfaces web ou móveis que interagem com contratos inteligentes e blockchain usando bibliotecas como Web3.js ou Ethers.js.

   o **Integração**: Conectar a aplicação descentralizada (dApp) à blockchain e garantir que todas as interações sejam seguras e eficientes.

3. **Configuração e Manutenção de Nós**

   o **Deploy de Nós**: Configurar e manter nós na rede blockchain para validar transações e manter a integridade da rede.

   o **Monitoramento**: Monitorar o desempenho e a saúde dos nós e responder a problemas ou falhas de rede.

4. **Segurança e Auditoria**

   o **Revisão de Código**: Revisar e auditar o código dos contratos inteligentes e da aplicação para identificar vulnerabilidades e garantir a segurança.

   o **Atualizações e Correções**: Implementar atualizações e correções para melhorar a segurança e a funcionalidade dos contratos inteligentes e da rede.

5. **Pesquisa e Desenvolvimento**

   o **Inovação**: Experimentar novas técnicas e protocolos de blockchain para resolver problemas existentes ou criar novas funcionalidades.

   o **Papers e Publicações**: Ler e escrever artigos acadêmicos sobre as últimas pesquisas e desenvolvimentos no campo da blockchain.

6. **Integração com Outras Tecnologias**

   o **APIs e Serviços Externos**: Integrar a blockchain com serviços e APIs externos para ampliar as funcionalidades da aplicação.

   o **Interoperabilidade**: Trabalhar em soluções para permitir a comunicação entre diferentes blockchains e sistemas.

7. **Gerenciamento de Projetos**

   o **Planejamento e Coordenação**: Colaborar com outras equipes para definir requisitos, prazos e recursos necessários para projetos blockchain.

   o **Documentação**: Criar documentação detalhada para o código, contratos inteligentes e arquitetura da solução.

8. **Educação e Treinamento**

   o **Capacitação**: Oferecer treinamento e suporte para outros desenvolvedores e membros da equipe sobre tecnologias de blockchain e melhores práticas.

   o **Participação em Comunidades**: Engajar-se com comunidades e fóruns de blockchain para compartilhar conhecimentos e aprender com outros profissionais.

9. **Regulamentação e Compliance**

   o **Conformidade Legal**: Garantir que todos os aspectos do projeto estejam em conformidade com as regulamentações legais e normas da indústria.

   o **Políticas de Privacidade**: Implementar e garantir práticas adequadas para proteger a privacidade dos dados dos usuários.

10. **Testes e Validação**

    o **Testes de Segurança**: Realizar testes extensivos para garantir que os contratos inteligentes e a infraestrutura blockchain são seguros e funcionam conforme esperado.

    o **Validação de Desempenho**: Avaliar o desempenho e a escalabilidade da solução para garantir que atende aos requisitos e expectativas dos usuários.

O papel de um programador em blockchain é dinâmico e envolve uma ampla gama de atividades técnicas e estratégicas. O sucesso na área requer uma compreensão sólida da tecnologia blockchain, habilidades de programação avançadas, e a capacidade de resolver problemas complexos em um ambiente em rápida evolução. Com a crescente adoção da tecnologia blockchain, as oportunidades para inovar e criar soluções impactantes são vastas e em constante expansão.

49